AF490782